THIS AURA WORKBOOK

belongs to:

....

DEDICATION

This Aura Energy Workbook is dedicated to all the people out there who read auras & want to document their findings in the process.
You are my inspiration for producing books and I'm honored to be a part of keeping all of your aura notes, and records organized.

This journal notebook will help you record your details about your aura readings.

Thoughtfully put together with these sections to record: Energy Sensed Arrow, Cool/ Draining or Warm Energizing, Subject's Mood, Reader's Mood, Figure To Color Auras, Predominant Color & Meaning, and much. more!

HOW TO USE THIS BOOK

The purpose of this book is to keep all of your Aura Readings notes all in one place. It will help keep you organized.

This Aura Energy Workbook will allow you to accurately document every detail about your readings.

Here are examples of the prompts for you to fill in and write about your experience in this book:

1. Name, Date, Time, Location
2. Energy Sensed Arrow
3. Cool/ Draining or Warm Energizing
4. Subject's Mood
5. Reader's Mood
6. A Figure To Color The Auras Surrounding To Represent Colors You See
7. Predominant Color & Meaning
8. Secondary Colors & Meaning
9. Notes
10. Recommended Gemstone
11. Recommended Essential Oils

Name _____ Date/Time _____

Location _____

Energy Sensed

⟶

Cool / Draining　　　　　　　　　　　　　　　　　　　　　　Warm / Energizing

Subject's Mood _____　　Predominant Color _____

Reader's Mood _____　　Meaning _____

_____

_____

Secondary Colors _____

Meaning _____

_____

_____

Notes

Recommended Gemstone _____

Recommended Essential Oil _____

Name _____ Date/Time _____

Location _____

Energy Sensec

|__|__|__|__|__|__|__|__|__|▶

Cool / Draining   Warm / Energizing

Subject's Mood _____   Predominant Color _____

Reader's Mood _____   Meaning _____
                                                                  _____
                                                                  _____

                                             Secondary Colors _____
                                                       Meaning _____
                                                                  _____
                                                                  _____

Notes

Recommended Gemstone _____

Recommended Essential Oil _____

Name _____   Date/Time _____

Location _____

Energy Sensed

⬜⬜⬜⬜⬜⬜⬜⬜⬜⬜▶

Cool / Draining   Warm / Energizing

Subject's Mood _____   Predominant Color _____

Reader's Mood _____   Meaning _____
_____
_____

Secondary Colors _____

Meaning _____
_____
_____

Notes

Recommended Gemstone _____

Recommended Essential Oil _____

Name _____   Date/Time _____

Location _____

Energy Sensed

Cool / Draining   Warm / Energizing

Subject's Mood _____   Predominant Color _____

Reader's Mood _____   Meaning _____
_____
_____

Secondary Colors _____
Meaning _____
_____
_____

Notes

Recommended Gemstone _____

Recommended Essential Oil _____

Name _____   Date/Time _____

Location _____

Energy Sensed

| | | | | | | | | | | |→

Cool / Draining   Warm / Energizing

Subject's Mood _____   Predominant Color _____

Reader's Mood _____   Meaning _____
                                                                                       _____
                                                                                       _____

                                                                    Secondary Colors _____
                                                                              Meaning _____
                                                                                       _____
                                                                                       _____

Notes

Recommended Gemstone _____

Recommended Essential Oil _____

Name _____   Date/Time _____

Location _____

Energy Sensed

|__|__|__|__|__|__|__|__|__|__▶

Cool / Draining   Warm / Energizing

Subject's Mood _____   Predominant Color _____

Reader's Mood _____   Meaning _____
                                                    _____
                                                    _____

                                            Secondary Colors _____
                                                    Meaning _____
                                                    _____
                                                    _____

Notes

Recommended Gemstone _____

Recommended Essential Oil _____

Name _____   Date/Time _____

Location _____

Energy Sensed

| | | | | | | | | | | →

Cool / Draining   Warm / Energizing

Subject's Mood _____   Predominant Color _____

Reader's Mood _____   Meaning _____
                                                            _____
                                                            _____

                                              Secondary Colors _____
                                                      Meaning _____
                                                              _____
                                                              _____

Notes

Recommended Gemstone _____

Recommended Essential Oil _____

Name _____	Date/Time _____

Location _____

Energy Sensed

| | | | | | | | | | ▶ |

Cool / Draining															Warm / Energizing

Subject's Mood _____	Predominant Color _____

Reader's Mood _____	Meaning _____
_____
_____

Secondary Colors _____

Meaning _____
_____
_____

Notes

Recommended Gemstone _____

Recommended Essential Oil _____

Name _____   Date/Time _____

Location _____

Energy Sensed

|_|_|_|_|_|_|_|_|_|_|▶

Cool / Draining   Warm / Energizing

Subject's Mood _____   Predominant Color _____

Reader's Mood _____   Meaning _____
                                                                    _____
                                                                    _____

                                               Secondary Colors _____
                                                          Meaning _____
                                                                    _____
                                                                    _____

Notes

Recommended Gemstone _____

Recommended Essential Oil _____

Name _____   Date/Time _____

Location _____

Energy Sensed

|　|　|　|　|　|　|　|　|　| ▶

Cool / Draining   Warm / Energizing

Subject's Mood _____   Predominant Color _____
Reader's Mood _____   Meaning _____
                                                   _____
                                                   _____

                                   Secondary Colors _____
                                            Meaning _____
                                                    _____
                                                    _____

Notes

Recommended Gemstone _____

Recommended Essential Oil _____

Name _____   Date/Time _____

Location _____

Energy Sensed

| | | | | | | | | | | →

Cool / Draining   Warm / Energizing

Subject's Mood _____   Predominant Color _____
Reader's Mood _____   Meaning _____
                                                                    _____
                                                                    _____

                                                    Secondary Colors _____
                                                              Meaning _____
                                                                    _____
                                                                    _____

Notes

Recommended Gemstone _____

Recommended Essential Oil _____

Name _____   Date/Time _____

Location _____

Energy Sensed

⟶

Cool / Draining   Warm / Energizing

Subject's Mood _____   Predominant Color _____

Reader's Mood _____   Meaning _____
                                                          _____
                                                          _____

                                           Secondary Colors _____
                                                     Meaning _____
                                                          _____
                                                          _____

Notes

Recommended Gemstone _____

Recommended Essential Oil _____

Name _____   Date/Time _____

Location _____

Energy Sensed

| | | | | | | | | | | → |

Cool / Draining   Warm / Energizing

Subject's Mood _____   Predominant Color _____

Reader's Mood _____   Meaning _____
_____
_____

Secondary Colors _____
        Meaning _____
_____
_____

Notes

Recommended Gemstone _____

Recommended Essential Oil _____

Name _____   Date/Time _____

Location _____

Energy Sensed

| | | | | | | | | | | ▶

Cool / Draining   Warm / Energizing

Subject's Mood _____   Predominant Color _____

Reader's Mood _____   Meaning _____
_____
_____

Secondary Colors _____
Meaning _____
_____
_____

Notes

Recommended Gemstone _____

Recommended Essential Oil _____

Name: _____   Date/Time: _____

Location: _____

Energy Sensed

[────────────────────────▶]

Cool / Draining   Warm / Energizing

Subject's Mood: _____   Predominant Color: _____

Reader's Mood: _____   Meaning: _____
_____
_____

Secondary Colors: _____

Meaning: _____
_____
_____
_____

Notes

Recommended Gemstone: _____

Recommended Essential Oil: _____

Name _____   Date/Time _____

Location _____

Energy Sensed

| | | | | | | | | | ▷

Cool / Draining   Warm / Energizing

Subject's Mood _____   Predominant Color _____

Reader's Mood _____   Meaning _____
_____
_____
_____

Secondary Colors _____

Meaning _____
_____
_____
_____

Notes

Recommended Gemstone _____

Recommended Essential Oil _____

Name _____   Date/Time _____

Location _____

Energy Sensed

|□|□|□|□|□|□|□|□|□|□|▶

Cool / Draining   Warm / Energizing

Subject's Mood _____   Predominant Color _____
Reader's Mood _____   Meaning _____
                                                        _____
                                                        _____

                                    Secondary Colors _____
                                             Meaning _____
                                                        _____
                                                        _____

Notes
_____
_____
_____
_____
_____

Recommended Gemstone _____

Recommended Essential Oil _____

Name _____   Date/Time _____

Location _____

Energy Sensed

| | | | | | | | | | →

Cool / Draining   Warm / Energizing

Subject's Mood _____   Predominant Color _____

Reader's Mood _____   Meaning _____
                                                          _____
                                                          _____

                                    Secondary Colors _____
                                              Meaning _____
                                                          _____
                                                          _____

Notes

Recommended Gemstone _____

Recommended Essential Oil _____

Name _____   Date/Time _____

Location _____

Energy Sensed

⬜⬜⬜⬜⬜⬜⬜⬜⬜⬜▶

Cool / Draining   Warm / Energizing

Subject's Mood _____   Predominant Color _____

Reader's Mood _____   Meaning _____
                                                            _____
                                                            _____

                                   Secondary Colors _____
                                              Meaning _____
                                                            _____
                                                            _____

Notes

Recommended Gemstone _____

Recommended Essential Oil _____

Name _____   Date/Time _____

Location _____

Energy Sensed

|▷

Cool / Draining   Warm / Energizing

Subject's Mood _____   Predominant Color _____

Reader's Mood _____   Meaning _____
                                                   _____
                                                   _____

                                     Secondary Colors _____
                                              Meaning _____
                                                      _____
                                                      _____

Notes

Recommended Gemstone _____

Recommended Essential Oil _____

Name _____   Date/Time _____

Location _____

Energy Sensed

| | | | | | | | | | | →

Cool / Draining   Warm / Energizing

Subject's Mood _____   Predominant Color _____

Reader's Mood _____   Meaning _____
                                                 _____
                                                 _____

                                         Secondary Colors _____
                                                 Meaning _____
                                                         _____
                                                         _____

Notes

Recommended Gemstone _____

Recommended Essential Oil _____

Name _____   Date/Time _____

Location _____

Energy Sensed

| | | | | | | | | | →

Cool / Draining   Warm / Energizing

Subject's Mood _____   Predominant Color _____

Reader's Mood _____   Meaning _____
                                               _____
                                               _____
                                               _____

                                       Secondary Colors _____

                                       Meaning _____
                                               _____
                                               _____
                                               _____

Notes

Recommended Gemstone _____

Recommended Essential Oil _____

Name _____   Date/Time _____

Location _____

Energy Sensed

| | | | | | | | | | | ▶ |

Cool / Draining   Warm / Energizing

Subject's Mood _____   Predominant Color _____

Reader's Mood _____   Meaning _____
_____
_____

Secondary Colors _____

Meaning _____
_____
_____

Notes

Recommended Gemstone _____

Recommended Essential Oil _____

Name _____   Date/Time _____

Location _____

Energy Sensed

| | | | | | | | | | ▶

Cool / Draining   Warm / Energizing

Subject's Mood _____   Predominant Color _____
Reader's Mood _____   Meaning _____
                                           _____
                                           _____

                                 Secondary Colors _____
                                        Meaning _____
                                                _____
                                                _____

Notes

Recommended Gemstone _____

Recommended Essential Oil _____

Name _____   Date/Time _____

Location _____

Energy Sensed

| | | | | | | | | | | ▶ |

Cool / Draining   Warm / Energizing

Subject's Mood _____   Predominant Color _____
Reader's Mood _____   Meaning _____
                                                            _____
                                                            _____

                                     Secondary Colors _____
                                            Meaning _____
                                                            _____
                                                            _____

Notes

Recommended Gemstone _____

Recommended Essential Oil _____

Name _____   Date/Time _____

Location _____

Energy Sensed

| | | | | | | | | | ▶

Cool / Draining   Warm / Energizing

Subject's Mood _____   Predominant Color _____

Reader's Mood _____   Meaning _____
                                                                    _____
                                                                    _____

                                          Secondary Colors _____
                                                    Meaning _____
                                                                    _____
                                                                    _____

Notes

Recommended Gemstone _____

Recommended Essential Oil _____

Name: _____   Date/Time: _____

Location: _____

Energy Sensed

Cool / Draining →→→→→→→→→→→→ Warm / Energizing

Subject's Mood: _____   Predominant Color: _____

Reader's Mood: _____   Meaning: _____
_____
_____

Secondary Colors: _____
Meaning: _____
_____
_____

Notes

Recommended Gemstone: _____

Recommended Essential Oil: _____

Name _____ Date/Time _____

Location _____

Energy Sensed

```
[ ][ ][ ][ ][ ][ ][ ][ ][ ]▷
```

Cool / Draining   Warm / Energizing

Subject's Mood _____   Predominant Color _____

Reader's Mood _____   Meaning _____
                                                    _____
                                                    _____
                                                    _____

                                    Secondary Colors _____
                                             Meaning _____
                                                    _____
                                                    _____
                                                    _____

Notes

Recommended Gemstone _____

Recommended Essential Oil _____

Name _____ Date/Time _____

Location _____

Energy Sensed

| | | | | | | | | | | ▶▶

Cool / Draining   Warm / Energizing

Subject's Mood _____ Predominant Color _____

Reader's Mood _____ Meaning _____
_____
_____

Secondary Colors _____

Meaning _____
_____
_____
_____

Notes

Recommended Gemstone _____

Recommended Essential Oil _____

Name _____   Date/Time _____

Location _____

Energy Sensed

| | | | | | | | | | | ▷▶

Cool / Draining   Warm / Energizing

Subject's Mood _____   Predominant Color _____

Reader's Mood _____   Meaning _____
                                                          _____
                                                          _____

                                          Secondary Colors _____
                                                  Meaning _____
                                                          _____
                                                          _____

Notes

Recommended Gemstone _____

Recommended Essential Oil _____

Name _____   Date/Time _____

Location _____

Energy Sensed

| | | | | | | | | | | |→

Cool / Draining   Warm / Energizing

Subject's Mood _____   Predominant Color _____

Reader's Mood _____   Meaning _____
                                                            _____
                                                            _____

                                            Secondary Colors _____
                                                    Meaning _____
                                                            _____
                                                            _____

Notes

Recommended Gemstone _____

Recommended Essential Oil _____

Name _____   Date/Time _____

Location _____

Energy Sensed

| | | | | | | | | | ▶ |

Cool / Draining   Warm / Energizing

Subject's Mooc _____   Predominant Color _____

Reader's Mood _____   Meaning _____
_____
_____

Secondary Colors _____
Meaning _____
_____
_____

Notes

Recommended Gemstone _____

Recommended Essential Oil _____

Name _____ Date/Time _____

Location _____

Energy Sensed

⟶

Cool / Draining   Warm / Energizing

Subject's Mood _____   Predominant Color _____

Reader's Mood _____   Meaning _____
                                                _____
                                                _____

                                         Secondary Colors _____

                                         Meaning _____
                                                 _____
                                                 _____

Notes

Recommended Gemstone _____

Recommended Essential Oil _____

Name _____   Date/Time _____

Location _____

Energy Sensed

⬜⬜⬜⬜⬜⬜⬜⬜⬜ ▶

Cool / Draining   Warm / Energizing

Subject's Mood _____   Predominant Color _____

Reader's Mood _____   Meaning _____
                                                         _____
                                                         _____

                                           Secondary Colors _____
                                                    Meaning _____
                                                            _____
                                                            _____

Notes

Recommended Gemstone _____

Recommended Essential Oil _____

Name _____   Date/Time _____

Location _____

Energy Sensed

| | | | | | | | | | | ▷

Cool / Draining   Warm / Energizing

Subject's Mood _____   Predominant Color _____

Reader's Mood _____   Meaning _____
                                                           _____
                                                           _____

                                                 Secondary Colors _____
                                                          Meaning _____
                                                                   _____
                                                                   _____

Notes

Recommended Gemstone _____

Recommended Essential Oil _____

Name _____   Date/Time _____

Location _____

Energy Sensec

|▢|▢|▢|▢|▢|▢|▢|▢|▢|▷

Cool / Draining   Warm / Energizing

Subject's Mood _____   Predominant Color _____

Reader's Mood _____   Meaning _____
                                                        _____
                                                        _____
                                                        _____

                                        Secondary Colors _____

                                                 Meaning _____
                                                        _____
                                                        _____
                                                        _____

Notes

Recommended Gemstone _____

Recommended Essential Oil _____

Name _____   Date/Time _____

Location _____

Energy Sensed

⟶

Cool / Draining   Warm / Energizing

Subject's Mood _____   Predominant Color _____

Reader's Mood _____   Meaning _____
_____
_____

Secondary Colors _____

Meaning _____
_____
_____

Notes

Recommended Gemstone _____

Recommended Essential Oil _____

Name _____   Date/Time _____

Location _____

Energy Sensed

| | | | | | | | | | | ▶ |

Cool / Draining   Warm / Energizing

Subject's Mood _____   Predominant Color _____

Reader's Mood _____   Meaning _____
                                  _____
                                  _____

                                  Secondary Colors _____

                                  Meaning _____
                                  _____
                                  _____

Notes

Recommended Gemstone _____

Recommended Essential Oil _____

Name _____   Date/Time _____

Location _____

Energy Sensed

|__|__|__|__|__|__|__|__|__|__|▶

Cool / Draining   Warm / Energizing

Subject's Mood _____   Predominant Color _____

Reader's Mood _____   Meaning _____
                                                    _____
                                                    _____

                                           Secondary Colors _____
                                                    Meaning _____
                                                            _____
                                                            _____

Notes

Recommended Gemstone _____

Recommended Essential Oil _____

Name _____   Date/Time _____

Location _____

Energy Sensed

| | | | | | | | | |▷|

Cool / Draining   Warm / Energizing

Subject's Mood _____   Predominant Color _____

Reader's Mood _____   Meaning _____
_____
_____
_____

Secondary Colors _____

Meaning _____
_____
_____
_____

Notes

Recommended Gemstone _____

Recommended Essential Oil _____

Name _____ Date/Time _____

Location _____

Energy Sensed

| | | | | | | | | | | →

Cool / Draining   Warm / Energizing

Subject's Mood _____   Predominant Color _____

Reader's Mood _____   Meaning _____
_____
_____

Secondary Colors _____

Meaning _____
_____
_____

Notes

Recommended Gemstone _____

Recommended Essential Oil _____

Name _____   Date/Time _____

Location _____

Energy Sensed

Cool / Draining → Warm / Energizing

Subject's Mood _____   Predominant Color _____

Reader's Mood _____   Meaning _____
_____
_____

Secondary Colors _____

Meaning _____
_____
_____

Notes

Recommended Gemstone _____

Recommended Essential Oil _____

Name _____   Date/Time _____

Location _____

Energy Sensed

| | | | | | | | | | | →

Cool / Draining   Warm / Energizing

Subject's Mood _____   Predominant Color _____

Reader's Mood _____   Meaning _____
_____
_____

Secondary Colors _____

Meaning _____
_____
_____

Notes

Recommended Gemstone _____

Recommended Essential Oil _____

Name _____   Date/Time _____

Location _____

Energy Sensed

| | | | | | | | | | | ▶

Cool / Draining   Warm / Energizing

Subject's Mood _____   Predominant Color _____

Reader's Mood _____   Meaning _____
                                            _____
                                            _____

                                   Secondary Colors _____

                                   Meaning _____
                                            _____
                                            _____

Notes

Recommended Gemstone _____

Recommended Essential Oil _____

Name _____   Date/Time _____

Location _____

Energy Sensed

[| | | | | | | | |]→

Cool / Draining   Warm / Energizing

Subject's Mood _____   Predominant Color _____

Reader's Mood _____   Meaning _____
_____
_____

Secondary Colors _____

Meaning _____
_____
_____

Notes

Recommended Gemstone _____

Recommended Essential Oil _____

Name _____   Date/Time _____

Location _____

Energy Sensed

[ ][ ][ ][ ][ ][ ][ ][ ][ ][ ]▶

Cool / Draining   Warm / Energizing

Subject's Mood _____   Predominant Color _____

Reader's Mood _____   Meaning _____
                                                    _____
                                                    _____

                                    Secondary Colors _____
                                             Meaning _____
                                                    _____
                                                    _____

Notes

Recommended Gemstone _____

Recommended Essential Oil _____

Name: _____   Date/Time: _____

Location: _____

Energy Sensed

| | | | | | | | | | | ▶ |

Cool / Draining   Warm / Energizing

Subject's Mood _____   Predominant Color _____

Reader's Mood _____   Meaning _____
_____
_____

Secondary Colors _____

Meaning _____
_____
_____

Notes

Recommended Gemstone _____

Recommended Essential Oil _____

Name _____   Date/Time _____

Location _____

Energy Sensed

|□|□|□|□|□|□|□|□|□|▷|

Cool / Draining   Warm / Energizing

Subject's Mood _____   Predominant Color _____

Reader's Mood _____   Meaning _____
                                                            _____
                                                            _____
                                                            _____

                                        Secondary Colors _____
                                                Meaning _____
                                                            _____
                                                            _____
                                                            _____

Notes

Recommended Gemstone _____

Recommended Essential Oil _____

Name _____   Date/Time _____

Location _____

Energy Sensed

| | | | | | | | | | | |➤

Cool / Draining   Warm / Energizing

Subject's Mood _____   Predominant Color _____

Reader's Mood _____   Meaning _____
                                                 _____
                                                 _____

                                          Secondary Colors _____
                                                   Meaning _____
                                                           _____
                                                           _____

Notes

Recommended Gemstone _____

Recommended Essential Oil _____

Name _____ Date/Time _____

Location _____

Energy Sensed

| | | | | | | | | | ▶ |

Cool / Draining   Warm / Energizing

Subject's Mood _____   Predominant Color _____

Reader's Mood _____   Meaning _____
_____
_____

Secondary Colors _____

Meaning _____
_____
_____

Notes

Recommended Gemstone _____

Recommended Essential Oil _____

Name _____   Date/Time _____

Location _____

Energy Sensed

|___|___|___|___|___|___|___|___|___|___|▷

Cool / Draining   Warm / Energizing

Subject's Mood _____   Predominant Color _____

Reader's Mood _____   Meaning _____
                                                          _____
                                                          _____

                                              Secondary Colors _____
                                                       Meaning _____
                                                               _____
                                                               _____

Notes

Recommended Gemstone _____

Recommended Essential Oil _____

Name _____   Date/Time _____

Location _____

Energy Sensed

| | | | | | | | | | →

Cool / Draining   Warm / Energizing

Subject's Mood _____   Predominant Color _____

Reader's Mood _____   Meaning _____
                                            _____
                                            _____

                                   Secondary Colors _____
                                   Meaning _____
                                            _____
                                            _____

Notes

Recommended Gemstone _____

Recommended Essential Oil _____

Name _____

Date/Time _____

Location _____

Energy Sensed

Cool / Draining   Warm / Energizing

Subject's Mood _____

Reader's Mood _____

Predominant Color _____

Meaning _____
_____
_____

Secondary Colors _____

Meaning _____
_____
_____

Notes

Recommended Gemstone _____

Recommended Essential Oil _____

Name _____   Date/Time _____

Location _____

Energy Sensed

⬜⬜⬜⬜⬜⬜⬜⬜⬜▶

Cool / Draining   Warm / Energizing

Subject's Mood _____   Predominant Color _____

Reader's Mood _____   Meaning _____
_____
_____

Secondary Colors _____

Meaning _____
_____
_____

Notes

Recommended Gemstone _____

Recommended Essential Oil _____

Name _____ Date/Time _____

Location _____

Energy Sensed

```
[ | | | | | | | | | | ] →
```

Cool / Draining   Warm / Energizing

Subject's Mood _____   Predominant Color _____

Reader's Mood _____   Meaning _____
                                                            _____
                                                            _____

                                           Secondary Colors _____
                                                    Meaning _____
                                                            _____
                                                            _____

Notes

Recommended Gemstone _____

Recommended Essential Oil _____

Name _____   Date/Time _____

Location _____

Energy Sensed

Cool / Draining   Warm / Energizing

Subject's Mood _____   Predominant Color _____

Reader's Mood _____   Meaning _____
                                                          _____
                                                          _____
                                                          _____

                                          Secondary Colors _____
                                                Meaning _____
                                                          _____
                                                          _____
                                                          _____

Notes

Recommended Gemstone _____

Recommended Essential Oil _____

Name _____   Date/Time _____

Location _____

Energy Sensed

Cool / Draining   Warm / Energizing

Subject's Mood _____   Predominant Color _____

Reader's Mood _____   Meaning _____
                                                          _____
                                                          _____

                                                          Secondary Colors _____
                                                          Meaning _____
                                                          _____
                                                          _____

Notes

Recommended Gemstone _____

Recommended Essential Oil _____

Name _____   Date/Time _____

Location _____

Energy Sensed

|___|___|___|___|___|___|___|___|___|___▶

Cool / Draining   Warm / Energizing

Subject's Mood _____   Predominant Color _____

Reader's Mood _____   Meaning _____
                                                        _____
                                                        _____

                                    Secondary Colors _____
                                              Meaning _____
                                                        _____
                                                        _____

Notes

Recommended Gemstone _____

Recommended Essential Oil _____

Name _____   Date/Time _____

Location _____

Energy Sensed

Cool / Draining   Warm / Energizing

Subject's Mood _____   Predominant Color _____
Reader's Mood _____   Meaning _____
                                _____
                                _____

                                Secondary Colors _____
                                Meaning _____
                                _____
                                _____

Notes

Recommended Gemstone _____

Recommended Essential Oil _____

Name _____	Date/Time _____

Location _____

Energy Sensed

| | | | | | | | | | | ▷

Cool / Draining					Warm / Energizing

Subject's Mood _____	Predominant Color _____

Reader's Mood _____	Meaning _____
_____
_____
_____

Secondary Colors _____

Meaning _____
_____
_____
_____

Notes

Recommended Gemstone _____

Recommended Essential Oil _____

Name _____   Date/Time _____

Location _____

Energy Sensed

|__|__|__|__|__|__|__|__|__|__|▶

Cool / Draining   Warm / Energizing

Subject's Mood _____   Predominant Color _____

Reader's Mood _____   Meaning _____
                                                           _____
                                                           _____

                                         Secondary Colors _____
                                                  Meaning _____
                                                           _____
                                                           _____

Notes

Recommended Gemstone _____

Recommended Essential Oil _____

Name _____   Date/Time _____

Location _____

Energy Sensed

[▭▭▭▭▭▭▭▭▭▭▶]

Cool / Draining   Warm / Energizing

Subject's Mood _____   Predominant Color _____

Reader's Mood _____   Meaning _____
_____
_____

Secondary Colors _____

Meaning _____
_____
_____

Notes

Recommended Gemstone _____

Recommended Essential Oil _____

Name _____   Date/Time _____

Location _____

Energy Sensed

| | | | | | | | | | | ▷

Cool / Draining   Warm / Energizing

Subject's Mood _____   Predominant Color _____

Reader's Mood _____   Meaning _____
_____
_____

Secondary Colors _____

Meaning _____
_____
_____

Notes

Recommended Gemstone _____

Recommended Essential Oil _____

Name _____   Date/Time _____

Location _____

Energy Sensed

|___|___|___|___|___|___|___|___|___|___|▷

Cool / Draining   Warm / Energizing

Subject's Mood _____   Predominant Color _____

Reader's Mood _____   Meaning _____
                                                      _____
                                                      _____
                                                      _____

                                   Secondary Colors _____
                                             Meaning _____
                                                      _____
                                                      _____
                                                      _____

Notes

Recommended Gemstone _____

Recommended Essential Oil _____

Name _____   Date/Time _____

Location _____

Energy Sensed

Cool / Draining → Warm / Energizing

Subject's Mood _____   Predominant Color _____

Reader's Mood _____   Meaning _____
_____
_____

Secondary Colors _____

Meaning _____
_____
_____

Notes

Recommended Gemstone _____

Recommended Essential Oil _____

Name _____   Date/Time _____

Location _____

Energy Sensed

|__|__|__|__|__|__|__|__|__|__▶

Cool / Draining   Warm / Energizing

Subject's Mood _____   Predominant Color _____

Reader's Mood _____   Meaning _____
_____
_____

Secondary Colors _____

Meaning _____
_____
_____

Notes

Recommended Gemstone _____

Recommended Essential Oil _____

Name _____ Date/Time _____

Location _____

Energy Sensed

[| | | | | | | | | | ▶]

Cool / Draining   Warm / Energizing

Subject's Mood _____   Predominant Color _____
Reader's Mood _____   Meaning _____
                                                         _____
                                                         _____

                                         Secondary Colors _____
                                                  Meaning _____
                                                         _____
                                                         _____

Notes

Recommended Gemstone _____

Recommended Essential Oil _____

Name _____   Date/Time _____

Location _____

Energy Sensed

| | | | | | | | | | →

Cool / Draining   Warm / Energizing

Subject's Mood _____   Predominant Color _____
Reader's Mood _____   Meaning _____
                                                   _____
                                                   _____

                                        Secondary Colors _____
                                                 Meaning _____
                                                         _____
                                                         _____

Notes

Recommended Gemstone _____

Recommended Essential Oil _____

Name _____   Date/Time _____

Location _____

Energy Sensed

|___|___|___|___|___|___|___|___|___|___|▶

Cool / Draining   Warm / Energizing

Subject's Mood _____   Predominant Color _____

Reader's Mood _____   Meaning _____
_____
_____
_____

Secondary Colors _____

Meaning _____
_____
_____
_____

Notes

Recommended Gemstone _____

Recommended Essential Oil _____

Name _____   Date/Time _____

Location _____

Energy Sensed

| | | | | | | | | | | ▶

Cool / Draining   Warm / Energizing

Subject's Mood _____   Predominant Color _____

Reader's Mood _____   Meaning _____
                                                _____
                                                _____

                                        Secondary Colors _____
                                                Meaning _____
                                                _____
                                                _____

Notes

Recommended Gemstone _____

Recommended Essential Oil _____

Name _____ Date/Time _____

Location _____

Energy Sensed

| | | | | | | | | | | →

Cool / Draining   Warm / Energizing

Subject's Mood _____   Predominant Color _____
Reader's Mood _____   Meaning _____
                                                               _____
                                                               _____

                                              Secondary Colors _____
                                                       Meaning _____
                                                               _____
                                                               _____

Notes

Recommended Gemstone _____

Recommended Essential Oil _____

Name _____   Date/Time _____

Location _____

Energy Sensed

|___|___|___|___|___|___|___|___|___|▶

Cool / Draining   Warm / Energizing

Subject's Mood _____   Predominant Color _____

Reader's Mood _____   Meaning _____
                                                   _____
                                                   _____

                                   Secondary Colors _____
                                            Meaning _____
                                                    _____
                                                    _____

Notes

Recommended Gemstone _____

Recommended Essential Oil _____

Name _____   Date/Time _____

Location _____

Energy Sensed

|___|___|___|___|___|___|___|___|___|___|▶

Cool / Draining   Warm / Energizing

Subject's Mood _____   Predominant Color _____
Reader's Mood _____   Meaning _____
                                                                         _____
                                                                         _____

                                                  Secondary Colors _____
                                                           Meaning _____
                                                                         _____
                                                                         _____

Notes

Recommended Gemstone _____

Recommended Essential Oil _____

Name _____   Date/Time _____

Location _____

Energy Sensed

Cool / Draining   Warm / Energizing

Subject's Mood _____   Predominant Color _____

Reader's Mood _____   Meaning _____
_____
_____

Secondary Colors _____

Meaning _____
_____
_____

Notes

Recommended Gemstone _____

Recommended Essential Oil _____

Name _____   Date/Time _____

Location _____

Energy Sensed

|___|___|___|___|___|___|___|___|___|___|___|▶

Cool / Draining   Warm / Energizing

Subject's Mood _____   Predominant Color _____

Reader's Mood _____   Meaning _____
                                                 _____
                                                 _____

                                         Secondary Colors _____
                                                  Meaning _____
                                                          _____
                                                          _____

Notes

Recommended Gemstone _____

Recommended Essential Oil _____

Name _____   Date/Time _____

Location _____

Energy Sensed

[|_|_|_|_|_|_|_|_|_|▷]

Cool / Draining   Warm / Energizing

Subject's Mood _____   Predominant Color _____

Reader's Mood _____   Meaning _____
                                                                        _____
                                                                        _____
                                                                        _____

                                              Secondary Colors _____
                                                        Meaning _____
                                                                        _____
                                                                        _____
                                                                        _____

Notes

Recommended Gemstone _____

Recommended Essential Oil _____

Name _____   Date/Time _____

Location _____

Energy Sensed

|⟶

Cool / Draining   Warm / Energizing

Subject's Mood _____   Predominant Color _____
Reader's Mood _____   Meaning _____
                                                            _____
                                                            _____

                                            Secondary Colors _____
                                                    Meaning _____
                                                            _____
                                                            _____

Notes

Recommended Gemstone _____

Recommended Essential Oil _____

Name _____   Date/Time _____

Location _____

Energy Sensed

Cool / Draining   Warm / Energizing

Subject's Mood _____   Predominant Color _____

Reader's Mood _____   Meaning _____
_____
_____

Secondary Colors _____
Meaning _____
_____
_____

Notes

Recommended Gemstone _____

Recommended Essential Oil _____

Name _____   Date/Time _____

Location _____

Energy Sensed

| | | | | | | | | | | | ▶ |

Cool / Draining   Warm / Energizing

Subject's Mood _____   Predominant Color _____

Reader's Mood _____   Meaning _____
_____
_____

Secondary Colors _____

Meaning _____
_____
_____

Notes

Recommended Gemstone _____

Recommended Essential Oil _____

Name _____   Date/Time _____

Location _____

Energy Sense

| | | | | | | | | | →

Cool / Draining   Warm / Energizing

Subject's Mood _____   Predominant Color _____
Reader's Mood _____   Meaning _____
                                                 _____
                                                 _____

                                    Secondary Colors _____
                                            Meaning _____
                                                    _____
                                                    _____

Notes

Recommended Gemstone _____

Recommended Essential Oil _____

Name _____   Date/Time _____

Location _____

Energy Sensed

| | | | | | | | | | | → |

Cool / Draining   Warm / Energizing

Subject's Mood _____   Predominant Color _____

Reader's Mood _____   Meaning _____
_____
_____

Secondary Colors _____

Meaning _____
_____
_____

Notes

Recommended Gemstone _____

Recommended Essential Oil _____

Name _____   Date/Time _____

Location _____

Energy Sensed

```
[ ][ ][ ][ ][ ][ ][ ][ ][ ][ ]▶
```

Cool / Draining   Warm / Energizing

Subject's Mood _____   Predominant Color _____

Reader's Mood _____   Meaning _____
                                                              _____
                                                              _____

                                         Secondary Colors _____
                                                   Meaning _____
                                                           _____
                                                           _____

Notes

Recommended Gemstone _____

Recommended Essential Oil _____

Name _____   Date/Time _____

Location _____

Energy Sensed

| | | | | | | | | | | →

Cool / Draining   Warm / Energizing

Subject's Mood _____   Predominant Color _____

Reader's Mood _____   Meaning _____
                                                    _____
                                                    _____

                                          Secondary Colors _____
                                                    Meaning _____
                                                    _____
                                                    _____

Notes

Recommended Gemstone _____

Recommended Essential Oil _____

Name _____   Date/Time _____

Location _____

Energy Sensed

Cool / Draining   Warm / Energizing

Subject's Mood _____   Predominant Color _____

Reader's Mood _____   Meaning _____
_____
_____
_____

Secondary Colors _____

Meaning _____
_____
_____
_____

Notes

Recommended Gemstone _____

Recommended Essential Oil _____

Name _____ Date/Time _____

Location _____

Energy Sensed

Cool / Draining   Warm / Energizing

Subject's Mood _____   Predominant Color _____
Reader's Mood _____   Meaning _____
                                                                                     _____
                                                                                     _____

                                                                   Secondary Colors _____
                                                                              Meaning _____
                                                                                     _____
                                                                                     _____

Notes

Recommended Gemstone _____

Recommended Essential Oil _____

Name _____   Date/Time _____

Location _____

Energy Sensed

| | | | | | | | | | ▶

Cool / Draining   Warm / Energizing

Subject's Mood _____   Predominant Color _____

Reader's Mood _____   Meaning _____
                                                                _____
                                                                _____

                                             Secondary Colors _____
                                                     Meaning _____
                                                             _____
                                                             _____

Notes

Recommended Gemstone _____

Recommended Essential Oil _____

Name _____   Date/Time _____

Location _____

Energy Sensed

[arrow scale]

Cool / Draining   Warm / Energizing

Subject's Mood _____   Predominant Color _____

Reader's Mood _____   Meaning _____
_____
_____

Secondary Colors _____

Meaning _____
_____
_____

Notes

Recommended Gemstone _____

Recommended Essential Oil _____

Name _____ Date/Time _____

Location _____

Energy Sensed

|__|__|__|__|__|__|__|__|__|▷

Cool / Draining   Warm / Energizing

Subject's Mood _____ Predominant Color _____

Reader's Mood _____ Meaning _____
_____
_____
_____

Secondary Colors _____

Meaning _____
_____
_____
_____

Notes

Recommended Gemstone _____

Recommended Essential Oil _____

Name _____   Date/Time _____

Location _____

Energy Sensed

|→

Cool / Draining   Warm / Energizing

Subject's Mood _____   Predominant Color _____

Reader's Mood _____   Meaning _____
                                                            _____
                                                            _____

                                              Secondary Colors _____
                                                       Meaning _____
                                                               _____
                                                               _____

Notes

Recommended Gemstone _____

Recommended Essential Oil _____

Name _____   Date/Time _____

Location _____

Energy Sensed

```
[  |  |  |  |  |  |  |  |  |  >
```
Cool / Draining   Warm / Energizing

Subject's Mood _____   Predominant Color _____
Reader's Mood _____   Meaning _____
                                                     _____
                                                     _____

                                    Secondary Colors _____
                                            Meaning _____
                                                     _____
                                                     _____

Notes
_____
| |
| |
| |
| |
| |
| |
|_____|

Recommended Gemstone _____

Recommended Essential Oil _____

Name _____   Date/Time _____

Location _____

Energy Sensed

| | | | | | | | | | | | ▶ |

Cool / Draining   Warm / Energizing

Subject's Mood _____   Predominant Color _____
Reader's Mood _____   Meaning _____
                                                                            _____
                                                                            _____

                                              Secondary Colors _____
                                                       Meaning _____
                                                                            _____
                                                                            _____

Notes

Recommended Gemstone _____

Recommended Essential Oil _____

Name _____   Date/Time _____

Location _____

Energy Sensed

|▭|▭|▭|▭|▭|▭|▭|▭|▭|▭|▷

Cool / Draining   Warm / Energizing

Subject's Mood _____   Predominant Color _____

Reader's Mood _____   Meaning _____
                                                          _____
                                                          _____

                                          Secondary Colors _____
                                                   Meaning _____
                                                           _____
                                                           _____

Notes

Recommended Gemstone _____

Recommended Essential Oil _____

Name _____   Date/Time _____

Location _____

Energy Sensed

Cool / Draining   Warm / Energizing

Subject's Mood _____   Predominant Color _____

Reader's Mood _____   Meaning _____
_____
_____
_____

Secondary Colors _____

Meaning _____
_____
_____
_____

Notes

Recommended Gemstone _____

Recommended Essential Oil _____

Name _____   Date/Time _____

Location _____

Energy Sensed

| | | | | | | | | | ▶ |

Cool / Draining   Warm / Energizing

Subject's Mood _____   Predominant Color _____

Reader's Mood _____   Meaning _____
                                                                                  _____
                                                                                  _____

                                                                Secondary Colors _____

                                                                Meaning _____
                                                                                  _____
                                                                                  _____

Notes

Recommended Gemstone _____

Recommended Essential Oil _____

Name _____   Date/Time _____

Location _____

Energy Sensed

| | | | | | | | | | | ▶

Cool / Draining   Warm / Energizing

Subject's Mood _____   Predominant Color _____
Reader's Mood _____   Meaning _____
                                                _____
                                                _____

                                      Secondary Colors _____
                                              Meaning _____
                                                _____
                                                _____

Notes

Recommended Gemstone _____

Recommended Essential Oil _____

Name _____   Date/Time _____

Location _____

Energy Sensed

| | | | | | | | | | ▷ |

Cool / Draining   Warm / Energizing

Subject's Mood _____   Predominant Color _____

Reader's Mood _____   Meaning _____
                                                           _____
                                                           _____

                                          Secondary Colors _____
                                                    Meaning _____
                                                            _____
                                                            _____

Notes
_____
_____
_____
_____
_____
_____

Recommended Gemstone _____

Recommended Essential Oil _____

Name _____   Date/Time _____

Location _____

Energy Sensed

Cool / Draining   Warm / Energizing

Subject's Mood _____   Predominant Color _____

Reader's Mood _____   Meaning _____
_____
_____

Secondary Colors _____

Meaning _____
_____
_____

Notes

Recommended Gemstone _____

Recommended Essential Oil _____

Name _____   Date/Time _____

Location _____

Energy Sensed

| | | | | | | | | | |▶

Cool / Draining   Warm / Energizing

Subject's Mood _____   Predominant Color _____

Reader's Mood _____   Meaning _____
_____
_____

Secondary Colors _____

Meaning _____
_____
_____

Notes

Recommended Gemstone _____

Recommended Essential Oil _____

Name _____   Date/Time _____

Location _____

Energy Sensed

Cool / Draining   Warm / Energizing

Subject's Mood _____   Predominant Color _____
Reader's Mood _____   Meaning _____
                                                                _____
                                                                _____

                                            Secondary Colors _____
                                                    Meaning _____
                                                                _____
                                                                _____

Notes

Recommended Gemstone _____

Recommended Essential Oil _____

Name _____   Date/Time _____

Location _____

Energy Sensed

| | | | | | | | | | | ▷

Cool / Draining   Warm / Energizing

Subject's Mood _____   Predominant Color _____

Reader's Mood _____   Meaning _____
_____
_____

Secondary Colors _____

Meaning _____
_____
_____

Notes

Recommended Gemstone _____

Recommended Essential Oil _____

Name _____   Date/Time _____

Location _____

Energy Sensed

Cool / Draining   Warm / Energizing

Subject's Mood _____   Predominant Color _____
Reader's Mood _____   Meaning _____
                                                          _____
                                                          _____

                                       Secondary Colors _____
                                                Meaning _____
                                                          _____
                                                          _____

Notes

Recommended Gemstone _____

Recommended Essential Oil _____

Name _____   Date/Time _____

Location _____

Energy Sensed

| | | | | | | | | | →

Cool / Draining   Warm / Energizing

Subject's Mood _____   Predominant Color _____

Reader's Mood _____   Meaning _____
                                                            _____
                                                            _____

                                          Secondary Colors _____
                                                     Meaning _____
                                                            _____
                                                            _____

Notes

Recommended Gemstone _____

Recommended Essential Oil _____

Name _____   Date/Time _____

Location _____

Energy Sensed

Cool / Draining   Warm / Energizing

Subject's Mood _____   Predominant Color _____
Reader's Mood _____   Meaning _____
                                                            _____
                                                            _____

                                    Secondary Colors _____
                                    Meaning _____
                                                            _____
                                                            _____

Notes

Recommended Gemstone _____

Recommended Essential Oil _____

Name _____   Date/Time _____

Location _____

Energy Sensed

| | | | | | | | | | | ▶ |

Cool / Draining   Warm / Energizing

Subject's Mood _____   Predominant Color _____

Reader's Mood _____   Meaning _____
                                                       _____
                                                       _____
                                                       _____

                                     Secondary Colors _____
                                                 Meaning _____
                                                       _____
                                                       _____
                                                       _____

Notes

Recommended Gemstone _____

Recommended Essential Oil _____

Name _____ Date/Time _____

Location _____

Energy Sensed

|__|__|__|__|__|__|__|__|__|__|▶

Cool / Draining   Warm / Energizing

Subject's Mood _____ Predominant Color _____

Reader's Mood _____ Meaning _____
_____
_____

Secondary Colors _____

Meaning _____
_____
_____

Notes

Recommended Gemstone _____

Recommended Essential Oil _____

Name _____   Date/Time _____

Location _____

Energy Sensed

| | | | | | | | | | | ▶

Cool / Draining   Warm / Energizing

Subject's Mood _____   Predominant Color _____

Reader's Mood _____   Meaning _____
                                         _____
                                         _____

                                         Secondary Colors _____

                                         Meaning _____
                                         _____
                                         _____

Notes

Recommended Gemstone _____

Recommended Essential Oil _____

Name _____   Date/Time _____

Location _____

Energy Sensed

Cool / Draining   Warm / Energizing

Subject's Mood _____   Predominant Color _____

Reader's Mood _____   Meaning _____
_____
_____

Secondary Colors _____

Meaning _____
_____
_____

Notes

Recommended Gemstone _____

Recommended Essential Oil _____

Name _____   Date/Time _____

Location _____

Energy Sensed

⬜⬜⬜⬜⬜⬜⬜⬜⬜▶

Cool / Draining   Warm / Energizing

Subject's Mood _____   Predominant Color _____

Reader's Mood _____   Meaning _____
                                                _____
                                                _____

                                       Secondary Colors _____
                                                Meaning _____
                                                        _____
                                                        _____

Notes

Recommended Gemstone _____

Recommended Essential Oil _____

Name _____   Date/Time _____

Location _____

Energy Sensed

| | | | | | | | | | | ▶

Cool / Draining   Warm / Energizing

Subject's Mood _____   Predominant Color _____

Reader's Mood   _____   Meaning _____
                                                           _____
                                                           _____

                                          Secondary Colors _____
                                                   Meaning _____
                                                           _____
                                                           _____

Notes

Recommended Gemstone _____

Recommended Essential Oil _____

www.ingramcontent.com/pod-product-compliance
Lightning Source LLC
Chambersburg PA
CBHW081231080526
44587CB00022B/3896